짐뷔트의 엽기 과학자 프래니

④ 엉뚱 상상 따라잡기

게임북

놀라운 상상력을 지닌 꼬마 과학자
_____ 의 책입니다.

사파리

엉뚱 상상 100배 즐기기

프래니의 엉뚱한 상상을 따라잡기에 앞서
몇 가지 준비물을 미리 챙겨 두면 더욱 좋아요.

 가위와 풀

가위와 풀을 미리 준비해 두면, 더 쉽게 자르고 오리고 붙이며 놀 수 있어요.

크레파스나 색연필

색연필이나 사인펜, 크레파스, 물감 등 여러분이 좋아하는 미술 재료를 준비해 마음껏 그림도 그려 보아요.

 프래니 시리즈

《엽기 과학자 프래니》 시리즈를 옆에 놓고 책을 찾아보면서 답을 적는 것도 좋은 방법이지요.

😊 부모님이나 친구의 도움

여러분이 하기 어려운 세밀한 작업은 부모님의 도움을 받으면 좋을 거예요. 또 실험을 함께할 친구도 찾아보아요!

🎓 예리한 관찰력

미로를 찾거나 틀린 그림을 찾을 때는 예리한 관찰력이 필요해요! 두 눈을 크게 뜨고 온 정신을 집중해서 답을 찾아보아요.

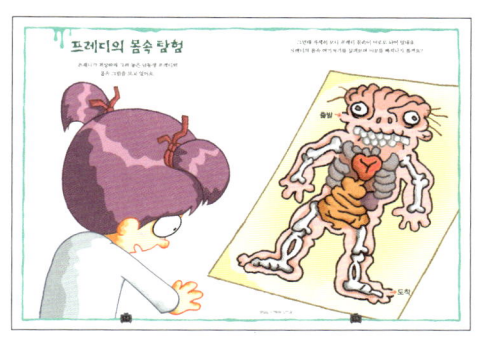

더 재미있게 해 보아요.

★ 판박이 스티커 붙이기

박쥐나 거미, 뱀, 괴물 등이 있는 무시무시한 판박이 스티커를 늘 갖고 다니는 공책, 필통 등에 붙여 으스스하게 꾸며 보아요.

프래니의 엉뚱한 생각들

프래니의 머릿속에는 도무지
평범한 것이라고는 없답니다!

그래서 이렇게 엉뚱하고 재미있는 생각을 하지요.

'하루에 사과 한 알만 먹으면 의사가 필요 없다'

아주 큰 사과 한 알이면 어떻게 될까?

'손안에 있는 새 한 마리는 숲에 있는 새 두 마리 만큼 값지다'

이래도 손바닥에 새를 올려놓고 싶어?

'아기 손에서 사탕 뺏는 것처럼 쉬운 일'

진짜로 한번 해 보라지. 얼마나 어려운데.

여러분은 어떤 엉뚱한 상상을 하나요?

엉뚱한 발명품 만들기

A에서 E까지 적힌 단어 가운데 마음에 드는 단어를 하나씩 골라 여러분만의 발명품을 만들어 보아요.

A	B	C	D	E
건전지	초소형	감염된	발톱	제거기
원자력	냄새 없는	왕	콧구멍	파괴기
태양열	휴대용	변형된	엉덩이	확대기
전자동	강철	안으로 굽은	겨드랑이	축소기

여러분이 정한 발명품의 이름을 적어 보아요!

1. _____
2. _____
3. _____
4. _____
5. _____

충실한 내 조수

각 번호의 칸에서 글자 한 개씩을 골라내, 여러분을
도와줄 조수의 이름을 만들어 보아요. 그리고
그 조수가 어떤 동물일지, 어떤 일을 할지도 적어 보아요!

1	2	3
이	버	르
요	마	트
콘	고	터
송	아	뱀
도	거	지

조수 이름:

동물 종류:

임무 1:

임무 2:

정체를 밝히시오

엽기 과학자의 모임에 초대를 받았어요!
여러분이 가슴에 달고 들어갈 이름표를 직접 만들어 보아요.

빈칸을 채우고 여러분의 얼굴과 조수의 얼굴을 네모 칸에 그려요.
가위로 점선을 따라 오린 다음 종이 뒤에 두꺼운 도화지를 붙여요.
그런 다음 종이에 안전핀을 끼워 웃옷에 달면…….
자, 이제 누가 봐도 여러분이 누구인지 금방 알 수 있겠죠!

부모님이 도와주세요.

엽기 과학자 회 원 증

나와 조수의 얼굴

이름 : _____

내 발명품 : _____

조수 이름 : _____

벌레 관찰 일지

엽기 과학자라면 주변에 돌아다니는 조그마한 괴물들을
쉽게 찾을 수 있을 거예요. 벌레 말이에요!
벌레를 자세히 관찰한 뒤, 아래 빈칸에
조사한 내용을 기록해 보아요.

부모님이 도와주세요.

벌레의 종류 : _____

발견한 곳 : _____

생김새 : _____

_____

다리 개수 : _____

☐ 때려 잡음   ☐ 자유롭게 풀어 줌
☐ 발견했을 때 이미 죽어 있었음
☐ 조수가 잡아먹음

벌레 그리기

발명품을 소개합니다

엽기 과학자 모임에 들어가려면 반드시 발명품을 만들어야 해요.
프래니네 학교 친구들은 어떤 발명품을 만들지 아직 정하지 못해
걱정이 태산이네요. 여러분은 좋은 생각이 떠올랐나요?
발명품을 정해 아래에 그림으로 그리고, 오른쪽 물음에 답해 보아요!

발명품 이름:

_____

필요한 재료(다 쓴 건전지나 참치 캔 등):

_____
_____
_____

발명품의 쓰임새(지구를 멸망시키거나 입 냄새를 나게 하는 것 등):

_____
_____
_____

발명품 사용법:

_____
_____
_____
_____
_____
_____
_____

프레디의 몸속 탐험

프래니가 괴상하게 그려 놓은 남동생 프레디의 몸속 그림을 보고 있어요.

그런데 자세히 보니 프레디 몸속이 미로로 되어 있네요.
프레디의 몸속 여기저기를 살펴보며 미로를 빠져나가 볼까요?

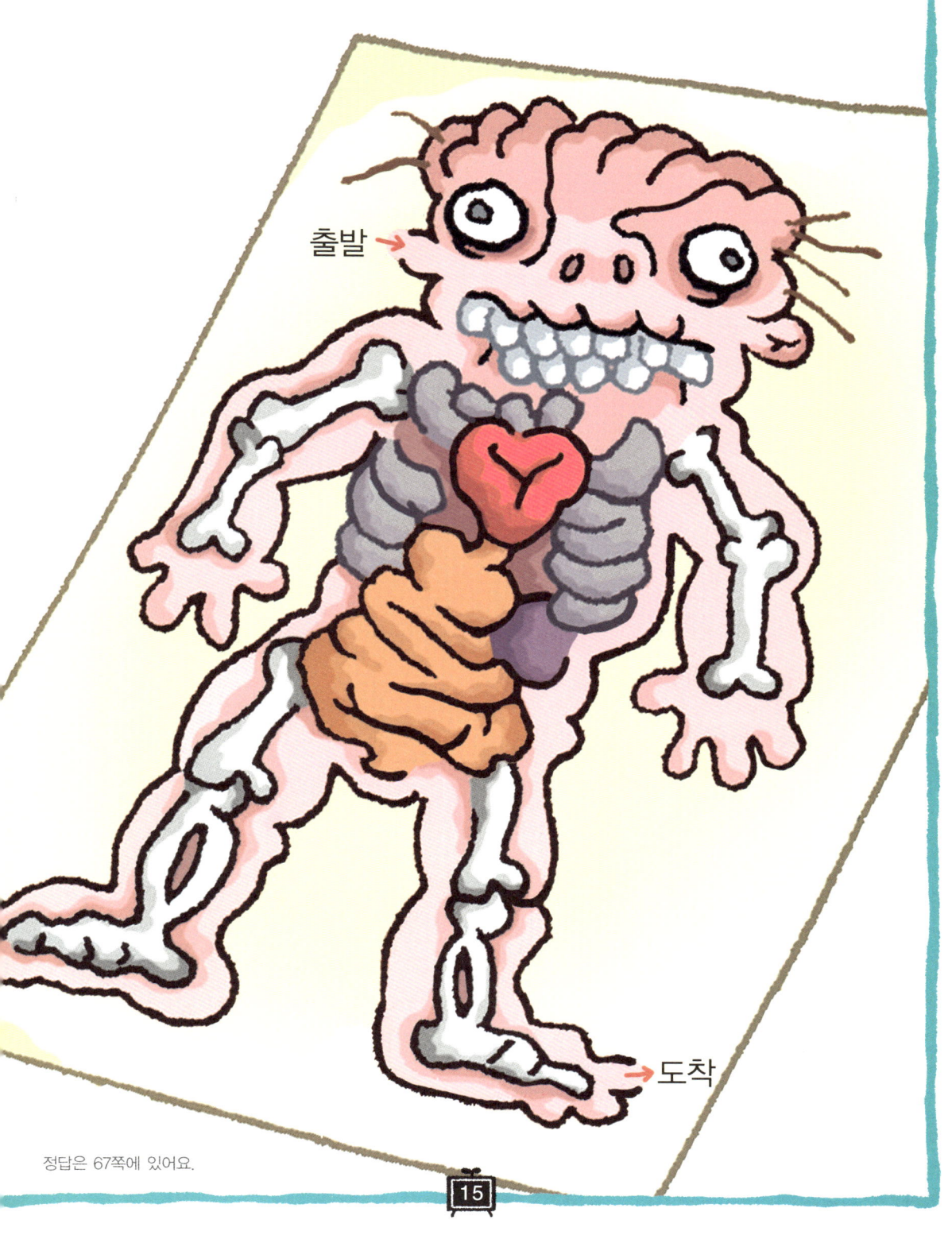

정답은 67쪽에 있어요.

괴상한 발명품 만들기

친구나 가족과 함께 빈칸을 채워
괴상한 발명품 만드는 법을 완성해 보아요.

🔍 준비물

_____ 3개,

날개 달린 _____ _____ 개,

_____ 2리터,

쓰레기통에서 꺼낸 _____ 조금

▶ 이렇게 해 보아요.

재료들을 한곳에 모두 모은 다음 _____에 담아요.

그런 다음 _____분 동안 _____해요. 단, _____(하)지 않도록 조심해야 해요!

완성이 되었으면 그 속에 자신의 _____(을)를 깊숙이 넣어요.

마치 _____처럼 느껴지면서 _____ 같은 냄새가 날 거예요!

하지만 절대 다른 사람에게 _____(을)를 _____(하)지 말아요.

단어를 찾아라

프래니의 실험실은 늘 잡동사니로 가득해요.
아래 글자 퍼즐에서 다음 물건을 찾아서 동그라미로 표시해 보아요.
글자는 가로, 세로, 대각선 방향으로 찾아보아요.

치즈 대포   햄스터 세발자전거   오글이
지구 최후의 날   프래니로봇   음식 광선 발사기
백파이프   멍키스패너   나사돌리개

오	글	보	글	지	구	최	후	의	날	폭	톤	나
치	주	파	이	구	래	니	로	봇	나	서	돌	사
즈	멍	햄	키	최	오	글	이	파	이	폭	탄	돌
대	스	패	스	후	너	엄	식	발	사	기	대	리
포	래	나	광	터	선	발	사	백	파	이	프	개
루	봇	자	전	가	세	치	즈	도	리	개	래	햄
세	발	루	봇	햄	스	발	터	나	사	돌	니	스
음	석	광	스	패	너	멍	자	선	발	사	로	타
저	구	최	후	의	나	소	돌	전	리	개	봇	로
멍	음	식	광	선	발	사	기	리	거	개	오	굴
키	스	패	니	래	스	터	멍	키	스	터	로	봇
몽	키	음	속	광	선	멍	키	스	패	너	발	사

정답은 67쪽에 있어요.

실험실 꾸미기

엽기 과학자라면 무시무시한 실험을 할 수 있는 실험실이 꼭 필요하겠죠! 19, 21, 23쪽에 있는 실험 기구와 실험 대상을 가위로 오려요. 그리고 커다란 종이 위에 여러분의 실험실을 직접 꾸며 보아요.

종이 위쪽에 '무시무시한 과학 실험실'이라고 제목을 써요. 그리고 오려 낸 실험 기구와 실험 대상들을 제목 밑에 붙여 보아요! 더 필요한 기구들이 있으면 여러분이 직접 그려도 좋아요.

부모님이 도와주세요.

무시무시한 과학 실험실을 꾸밀 물건을 골라 오려 보아요!

무시무시한 과학 실험실을 꾸밀 물건을 골라 오려 보아요!

무시무시한 과학 실험실을 꾸밀 물건을 골라 오려 보아요!

부모님이 도와주세요.

괴상한 친구 만들기

프래니는 학교 친구들이 좀 더 재미있게 변하면 좋겠다고 생각해요.
우리가 친구의 몸을 바꿔 볼까요? 날개나 더듬이를 달아 보는 건 어떨까요?
눈을 더 붙이거나 괴상하게 생긴 발톱을 그려 넣어도 좋겠죠.
다리 대신 자전거 바퀴를 달아도 재미있겠네요.
주변에 있는 것들을 이용해서 친구의 몸을 재미나게 그려 보아요!

성격 테스트

여러분이 어떤 사람인지 알아보는 시간이에요.
다음 질문에 솔직하게 대답해 보면, 여러분의 성격을 알 수 있답니다.

1. 당신이 음식이라면, 어떤 음식이 되고 싶나요?

① 서로 잡아먹는 브로콜리
② 땅콩버터와 젤리가 든 샌드위치
③ 아무것이나 상관없음
④ 미니 젖소에서 나온 우유

2. 당신은 어떤 수업이 가장 좋은가요?

① 과학
② 국어와 수학
③ 쉬는 시간
④ 양궁

3. 당신은 어떤 발명품이 되고 싶나요?

① 눈알 뽑는 기계
② 자동 세수 기계
③ 양말 냄새 제조기
④ 목소리로 작동하는 치즈 대포

4. 당신은 어떤 곳이 좋은가요?

① 다락방
② 도서관
③ 동굴
④ 실험실

5. 당신은 어떤 소리가 좋은가요?

① 폭발음
② 트림 소리
③ 비명
④ 엉엉 우는 소리

다음 페이지를 보면 검사 결과를 알 수 있어요!

여러분의 성격이 어떤 유형에 속하는지 알아볼까요?

1번 답이 가장 많은 사람

당신은 대담하고 자립심이 강한 성격이에요. 엉뚱한 생각을 많이 할 뿐만 아니라, 꿈을 현실로 이루기 위해 분명 많은 시간을 보내고 있을 거예요. 실험을 좋아하며 다른 사람이 하는 대로 따라서 하는 걸 끔찍하게 싫어하지요. 지저분한 걸 좋아하는 당신은 한마디로 제2의 프래니라고 할 수 있어요!

2번 답이 가장 많은 사람

당신은 머리가 영리한 데다가 원만한 성격이에요. 인정이 많고 상냥하지만 위험한 걸 별로 좋아하지 않아요. 다른 사람이 목표를 이루도록 격려하며 안전한 범위 내에서 활동하는 것을 특히 좋아하지요. 학교 수업을 좋아하는 리더형의 어린이로, 주변을 청결하게 정돈하는 깔끔한 성격의 소유자랍니다. 한마디로 당신은 매사에 흐트러짐이 없는 제2의 셸리 선생님이라고 할 수 있어요!

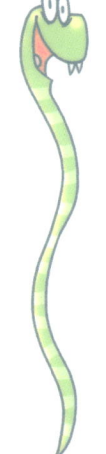

필통이나 공책에 **판박이 스티커**를 붙여 재미있게 꾸며 보아요!

붙이는 방법

1. 그림을 붙이고 싶은 물건을 골라 그림이 닿는 면을 깨끗이 닦아 내요.
2. 붙이고 싶은 그림 하나를 잘라서 그 위에 붙은 비닐을 떼어 내, 그림 있는 면을 물건 위에 대요.
3. 손가락에 물을 충분히 묻힌 다음, 그림이 잘 붙도록 뒷면을 힘껏 누르면서 문질러요.
4. 30초 정도 기다렸다가 스티커를 천천히 떼어 내요.
5. 그림이 새겨진 자리를 잘 말려요.

주의 사항

판박이 스티커는 민감한 피부에는 붙이지 않는 것이 좋아요. 만약 피부에 붙였을 때에는 소독용 알코올이나 베이비오일을 이용해 지워요.

3번 답이 가장 가장 많은 사람

당신은 상대방의 의견을 쉽게 받아들이는 편이며, 매사에 적극적으로 활동해요. 늘 활기차며 남을 도와주는 것을 좋아하고, 실수했을 때는 바로 고치려고 애쓰는 사람이에요. 리더형은 아니지만 뒤에서 도와주는 걸 즐기는 편이지요. 주변이 지저분해도 별로 신경 쓰지 않는 편이지만, 그래도 편안한 분위기를 선호하는 당신은 **제2의 이고르**라고 할 수 있어요!

4번 답이 가장 가장 많은 사람

특이한 성격을 소유한 당신은 예측이 불가능한 사람이에요. 다른 사람을 만족시키거나 다른 사람에게 사랑을 전하는 걸 좋아하지요. 그러면서도 누군가 당신을 챙겨 주기를 바라지요. 당신의 작은 행동이 큰 영향을 미칠 만큼 아주 강한 힘을 가졌다는 걸 기억해 둬요. 귀엽고 사랑스런 캐릭터의 당신은 **제2의 큐피드**라고 할 수 있어요!

괴상한 표본 모으기 1

엽기 과학자라면 사소한 것이라도 꼼꼼히 모아 두고 관찰하는 습관을 길러야 해요. 여러분은 머리카락을 하찮게 여길지 모르지만 실제로 과학자들은 머리카락 한 올에서 DNA를 뽑아내어 주인을 알아낼 만큼 중요하게 여긴답니다.

먼저 여러분의 머리카락을 몇 가닥 뽑은 다음 관찰하여 빈칸에 붙이고 특징을 기록해 보아요. 또 다른 사람의 머리카락도 허락을 받고 뽑아 빈칸에 붙이고 기록해요. 머리카락의 주인이 뒤바뀌지 않도록 조심해야 해요!

부모님이 도와주세요.

머리카락 붙이는 곳

머리카락 주인 이름:

머리카락 뽑은 날짜:

길이:

색깔:

냄새:

머리카락 붙이는 곳

머리카락 주인 이름:

머리카락 뽑은 날짜:

길이:

색깔:

냄새:

머리카락 붙이는 곳

머리카락 주인 이름:

머리카락 뽑은 날짜:

길이:

색깔:

냄새:

모욕적인 표현

아래에 있는 단어로 프래니가 상상해 본 적도 없는 가장 모욕적인 말을 만들어 보아요. 프래니에게 예쁘고 아름답다는 칭찬은 참을 수 없는 모욕이나 마찬가지랍니다.

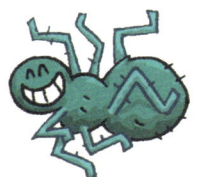 

A	B	C	D
예쁜	분홍빛	애교 많은	수선화
우아한	장밋빛	윙크하는	아기
아름다운	복슬복슬한	뽀뽀하는	조랑말
사랑스런	번쩍거리는	달콤한	새끼 고양이
섬세한	보랏빛	포옹하는	소녀

여러분이 만들어 낸 표현들을 적어 보아요.

1.
2.
3.
4.
5.
6.

흉측한 모빌 만들기

🔍 준비물

옷걸이, 가위, 풀, 실,
크레파스나 사인펜,
두꺼운 도화지나 보드,
펀치(종이에 구멍 뚫는 기구)

▶ 이렇게 해 보아요.

1. 35, 37, 39, 41, 43쪽에 있는 그림의 동그라미 안쪽 바탕 부분을 색칠해요.
2. 그림 둘레에 있는 동그란 점선을 따라 조심스럽게 오려요.
3. 두꺼운 도화지나 보드 위에 잘린 그림을 놓고 테두리를 그린 뒤 모양대로 오려요.
4. 그림 뒷부분에 오린 두꺼운 도화지나 보드를 대고 풀로 붙여요.
5. 그림에 있는 작은 원을 펀치로 뚫어요.
6. 실을 여러 길이로 잘라 펀치로 뚫은 작은 구멍에 끼우고, 한쪽 끝을 묶어요.
7. 실의 다른 한쪽 끝을 옷걸이에 묶어 매달아요. 이때 그림의 높이가 각각 다르도록 길이를 잘 조절해야 해요.
8. 괴상한 그림이 달린 모빌을 방에 걸어 놓고 감상해 보아요!

흉측한 모빌에 달 그림에 바탕을 색칠한 뒤 오려 보아요!

부모님이 도와주세요.

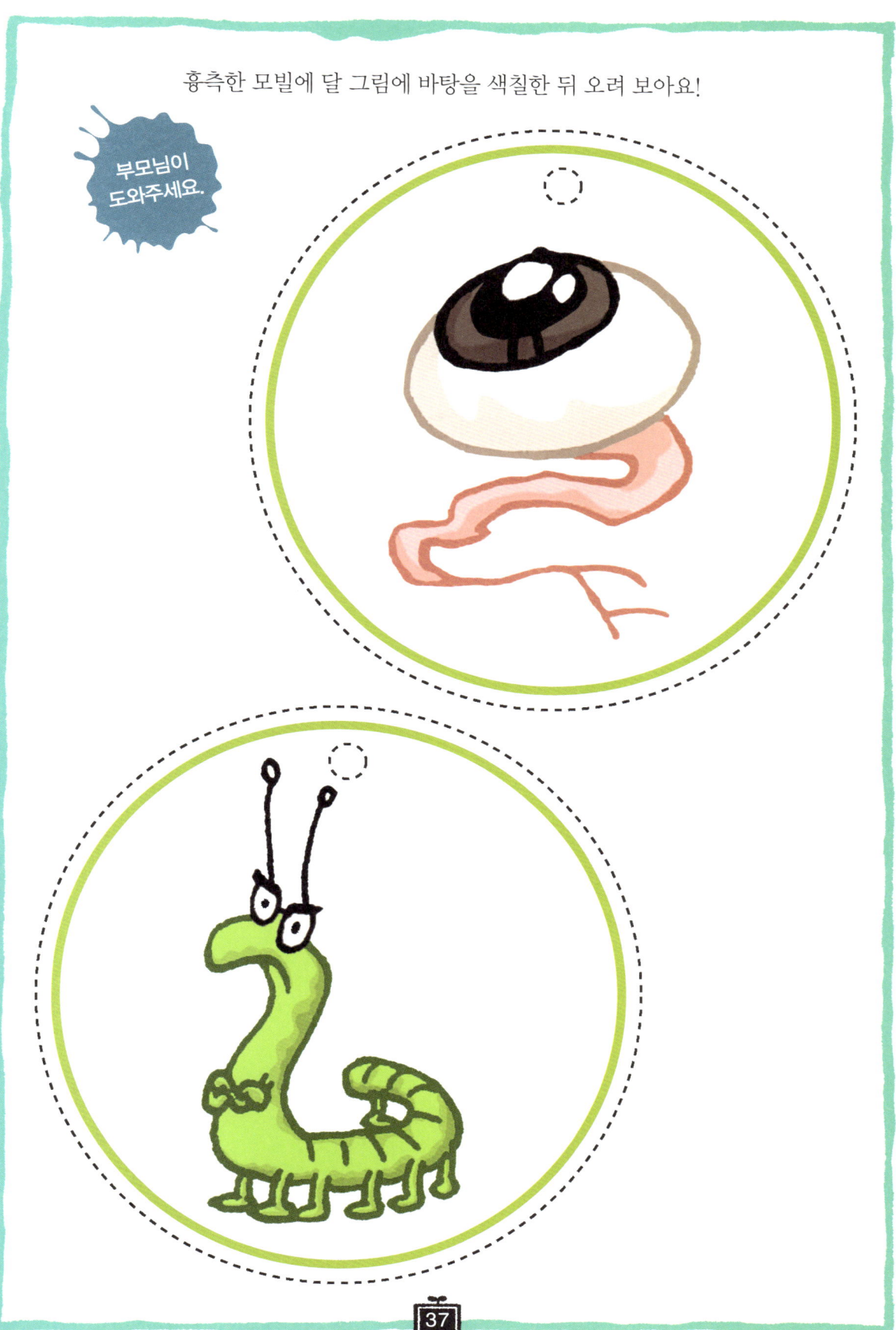

흉측한 모빌에 달 그림에 바탕을 색칠한 뒤 오려 보아요!

부모님이 도와주세요.

흉측한 모빌에 달 그림에 바탕을 색칠한 뒤 오려 보아요!

부모님이 도와주세요.

엽기성 테스트

여러분이 얼마나 엽기적인지 궁금한가요? 45, 46쪽에 있는 질문에 대답해 보아요.
점수를 모두 더하면 47쪽에서 여러분의 엽기 수치를 알 수 있답니다!

만약 돌연변이로 태어난다면, 어떤 모습이 되고 싶나요?

1. ㉠ 엄지 손가락이 있어야 할 자리에 커다란 발가락이 달려 있음
   ㉡ 코가 있어야 할 자리에 커다란 발가락이 달려 있음

2. ㉠ 혀가 2개
   ㉡ 머리가 2개

3. ㉠ 눈이 3개
   ㉡ 눈이 6개

4. ㉠ 호랑이 다리
   ㉡ 사마귀 다리

5. ㉠ 날개가 있음
   ㉡ 더듬이가 달림

엽기 과학자라면, 무엇을 만들고 싶나요?

1. ㉠ 머리가 2개 달린 뱀
   ㉡ 끈적끈적한 점액을 분비하는 머리가 2개인 뱀

2. ㉠ 박쥐 날개를 단 곰 인형
   ㉡ 박쥐 날개가 달린 볼록한 눈알

3. ㉠ 다리가 3개인 얼룩 무늬 개구리
   ㉡ 다리가 없고 혹이 달린 개구리

4. ㉠ 가재의 집게발이 달린 강아지
   ㉡ 가재의 집게발이 달린 털북숭이 바퀴벌레

5. ㉠ 콧물 흘리는 로봇
   ㉡ 콧물을 먹는 로봇

결과 알아보기

여러분의 대답이 ㉠이면 1점, ㉡이면 2점씩이에요. 각각의 점수를 모두 더하면 여러분이 얼마나 엽기적인지 알 수 있답니다. 여러분이 받은 합계 점수만큼 시험관을 색칠해 보아요.

20 - 프래니를 능가할 만큼 아주 엽기적임

18 - 미친 사람으로 보이는 수준

16 - 괴상망측한 수준

14 - 약간 소름이 돋을 정도

12 - 착하고 모범적임

10 - 달콤하고 사랑스러움

무시무시한 정전기

🔍 **준비물**
플라스틱 빗, 실, 테이프,
털실로 짠 스웨터, 과자 조각

부모님이 도와주세요.

📏▶ **이렇게 해 보아요.**

1. 실을 30센티미터 길이로 잘라요.
2. 실 한쪽 끝에 과자 조각을 매달아요.
3. 실의 다른 한쪽 끝을 탁자 모서리 부분에 테이프로 붙여요.
4. 빗을 깨끗하게 씻은 다음 말려요.
5. 빗을 털실 스웨터에 대고 1~2분간 세게 문질러요.
6. 빗을 과자 조각 쪽으로 천천히 가져가요. 그리고 과자 조각이 실 쪽으로 움직이는지 관찰해요!

✏️ **프래니 노트**
털실 스웨터가 없다고요? 그렇다면 머리카락에 풍선을 문질러 보아요! 정전기가 일어나면서 머리카락이 풍선에 달라붙을 거예요!

훌륭한 조수가 되고 싶어

이고르는 언제나 프래니를 도와주려 하지만 아직 부족한 점이 많아요.
이고르가 훌륭한 조수가 될 수 있도록 여러분이 도와주면 어떨까요?
이고르의 몸에 팔과 다리를 덧붙여 주거나, 자석 발톱을 달아 주는 건 어때요?
몸에 로켓 발사기를 다는 것도 좋겠네요. 상상력을 발휘해 이고르를 변신시켜 보아요!

엉망진창 실험실 만들기

프래니의 방은 항상 잡동사니로 가득하지요.
우리가 한층 더 어지럽고 지저분한 입체 실험실로 꾸며 보면 어떨까요?
엽기 과학자답게 쓰레기나 고물 등으로 실험실을 가득 채워 보아요!

준비물

신발 상자, 가위, 풀,
사인펜이나 크레파스,
실험실에 넣을 다양한 도구들
(실, 끈, 색종이, 반짝이 가루,
색종이 조각, 찰흙, 성냥갑,
페인트 물감, 공작용 철사, 솜,
이쑤시개 등)

이렇게 해 보아요.

1. 52, 53쪽에 있는 그림을 예쁘게 색칠해요.
2. 점선을 따라 그림을 오려요.
3. 신발 상자 바닥에 그림 2개를 나란히 풀로 붙여요.
4. 신발 상자를 옆으로 세워 그림이 벽면이 되도록 해요.
5. 이제 신발 상자 안이 프래니의 방이 되었어요! 프래니의 방에 최대한 많은 물건을 넣어 정신 없는 실험실로 만들어요. 더욱 실감 나게 하려면 천장에도 괴상한 물건들을 매달아 보아요!

부모님이
도와주세요.

괴물이 된 선생님

프래니는 셀리 선생님을 정말 존경해요. 하지만 선생님이 옷차림과
머리 모양만 좀 바꾸면 나무랄 데가 없을 거라고 마음속으로 생각한답니다.
여러분이 프래니를 위해 셀리 선생님을 바꿔 보아요.
들쭉날쭉 이를 덧붙인다거나 엉덩이에 꼬리를 달아 보는 건 어떨까요?
상상력을 발휘해 선생님을 멋지게 변신시켜 보아요!

괴상한 표본 모으기 2

엽기 과학자라면 등골을 오싹하게 만드는 섬뜩한 물건을 빠짐없이 갖고 있어야 해요. 지금부터 여러분만의 표본을 만들어 보아요. 먼저 여러분의 손톱과 발톱을 조금 잘라서 관찰한 뒤 빈칸에 붙이고 기록해요. 허락을 받은 뒤 다른 사람의 손톱도 기록해 보아요.

부모님이 도와주세요.

손톱 붙이는 곳

손톱 주인의 이름:

손톱 자른 날짜:

감촉:

냄새:

손톱 붙이는 곳

손톱 주인의 이름:

손톱 자른 날짜:

감촉:

냄새:

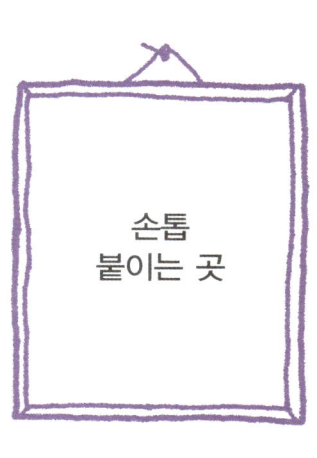

손톱 주인의 이름: _____

손톱 자른 날짜: _____

감촉: _____

냄새: _____

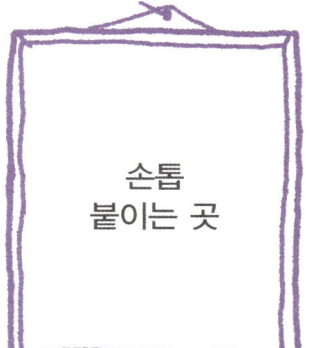

손톱 주인의 이름: _____

손톱 자른 날짜: _____

감촉: _____

냄새: _____

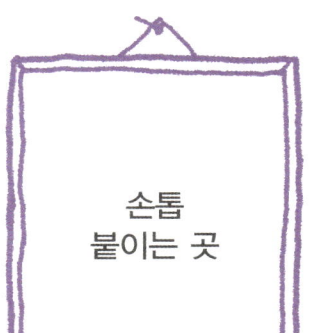

손톱 주인의 이름: _____

손톱 자른 날짜: _____

감촉: _____

냄새: _____

식당 아주머니의 변신

프래니네 학교에는 괴짜 식당 아주머니가 있답니다.
여러분이 식당 아주머니를 한층 괴상하게 만들어 보면 어떨까요?
코가 하나 더 있거나 팔에 국자가 달려 있어도 좋겠죠.
마음껏 상상력을 발휘해 식당 아주머니를 멋지게 변신시켜 보아요!

쭈글쭈글한 얼굴

사과를 이용해 쭈글쭈글 못생긴 얼굴을 만들어 보아요!

준비물
플라스틱 칼 1개, 껍질을 벗긴 사과 1개,
콩이나 마늘 등 눈, 코, 입을 대신할 재료,
실, 깃털, 이쑤시개 등 머리카락을 대신할 재료,
나무젓가락 1개, 종이컵 1개

부모님이 도와주세요.

이렇게 해 보아요.

1. 칼로 사과 표면에 눈과 입, 코 모양으로 구멍을 파 놓아요.
2. 사과에 난 구멍에 콩이나 마늘, 구슬 등으로 눈, 코, 입을 채워 넣어요.
3. 실이나 깃털, 이쑤시개로 머리카락을 만들어 붙여요.

4. 얼굴 아래쪽에 나무젓가락을 꽂아요.
5. 종이컵을 거꾸로 엎은 뒤 나무젓가락을 꽂아서 얼굴을 지탱해요.
6. 못생긴 인형에게 이름을 지어 준 뒤, 따뜻하고 건조한 곳에 보관해요.
7. 인형의 얼굴이 점점 쭈글쭈글하게 변하죠? 시간이 지날수록 점점 더 못생겨진답니다.

프래니에게 보내는 편지

빈칸을 채워 프래니에게 보내는 편지를 완성해 보아요.

프래니에게

오늘 나는 작년에 내 실험실을 빠져 나간 _____(을)를 찾으러 _____ 에 갔어. 그런데 _____(은)는 1년 사이에 몸이 _____만큼 커졌더군! 그리고 점점 _____(하)더니 마치 _____ 같은 시끄러운 소리를 냈어. 게다가 녀석은 _____ 냄새가 나는 _____(을)를 즐겨 먹고 있었어.

나는 _____(을)를 실험실로 데려오기 위해 _____에게 _____(을)를 주었지. 하지만 이 방법이 통하지 않자, 강제로 _____(을)를 _____ 에 담아 _____ 에 싣고 오는 수밖에 없었어. 다행히 녀석은 실험실에 도착하자 기분이 좋은지 _____(을)를 하며 나에게 _____ 해 주었어. 정말 힘든 하루였어.

하루 빨리 너의 이야기도 듣고 싶구나.

사랑을 담아, _____ 가

물렁물렁한 닭

🔍 준비물
삶은 달걀 1개, 날달걀 1개, 싱싱한 닭 뼈 1개, 식초, 그릇 3개

📐 만드는 방법
1. 삶은 달걀, 날달걀, 닭 뼈를 각기 다른 세 그릇에 나누어 담아요.
2. 각각의 그릇에 식초를 부어요.
3. 하루 뒤, 전날 부은 식초를 버리고 다시 새 식초를 부어요.
4. 그릇을 눈에 잘 띄지 않는 곳에 둔 다음 10일 동안 보관해요.
5. 10일 뒤, 달걀과 뼈의 모양을 관찰해 보아요.

부모님이 도와주세요.

✏️ 프래니 노트

* 날달걀은 껍질이 녹아 투명하게 변했을 거야! 달걀을 흔들면 노른자가 출렁거리는 것을 볼 수 있어. 실수로 껍질이 깨지면 안에 있던 액체가 밖으로 흘러나올 거야. 아주 역겨운 냄새와 함께 말이지!

* 삶은 달걀은 고무공처럼 변했을 거야. 테이블 위로 달걀을 떨어뜨려 봐. 아마 공처럼 다시 튕겨 오를걸!

* 닭 뼈 역시 고무처럼 부드럽고 말랑말랑해진 것을 볼 수 있어. 닭 뼈를 구부려 고무줄처럼 묶을 수도 있다고!

다른 그림 찾기

정답은 67쪽에 있어요.

아래 두 그림을 자세히 살펴보면 9군데가 달라요.
다른 부분을 찾아 동그라미로 표시해 보아요.

친구들이 좋아하겠지

프래니는 반 친구들을 즐겁게 해 줄 멋진 생각이 떠올랐어요. 내일 학교에 가져가면 모두가 틀림없이 좋아할 거라고 생각했죠. 과연 무엇이었을까요? 상상력을 발휘해 여러분이 직접 프래니의 멋진 생각을 그려 보아요!

최우수 엽기 과학자상 수상!

최우수 엽기 과학자로 뽑힌 것을 축하합니다!
아래 상장에 여러분의 이름을 적은 뒤, 점선을 따라 오려 내요.
그리고 친구나 부모님 앞에서 상장 수상식을 하며
마음껏 뽐내 보아요!

부모님이 도와주세요.

정답을 알아보아요

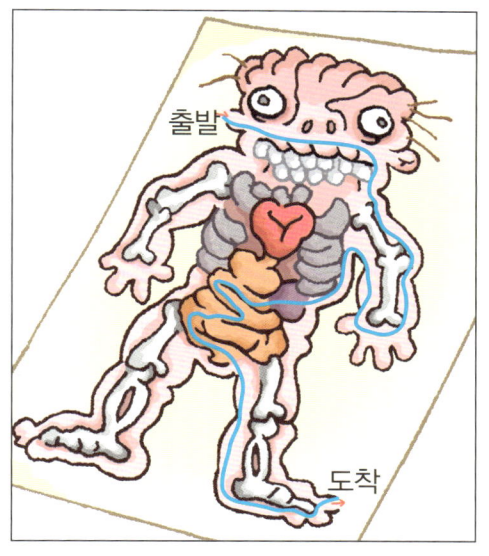

FRANNY K. STEIN, MAD SCIENTIST ACTIVITY BOOK: SPOOKY SCIENCE by Jim Benton
Copyright © 2006 by Jim Benton www.frannyfstein.com
All rights reserved.
This Korean edition was published by E*PUBLIC KOREA Co., Ltd(Safari) in 2019 by arrangement with J.K. Benton Design Studio, Inc., through KCC(Korea Copyright Center Inc.), Seoul.

이 책의 한국어판 저작권은 (주)한국저작권센터(KCC)를 통한 저작권자와의 독점 계약으로 (주)이퍼블릭(사파리)에 있습니다. 저작권법에 의해 한국 내에서 보호를 받는 저작물이므로 무단 전재와 복제를 금합니다.

엽기 과학자 프래니 게임북
❹ 엉뚱 상상 따라잡기

초판 1쇄 발행일 | 2008년 10월 1일
개정판 1쇄 발행일 | 2019년 6월 20일

글·그림 | 짐 벤튼
옮김 | U&J
펴낸이 | 유성권
편집장 | 심윤희
편집 | 송미경, 김세영, 김송이
표지 디자인 | 이수빈
본문 디자인 | design od
마케팅·홍보 | 김선우, 김민석, 박희준, 김애정
관리·제작 | 김성훈, 박혜민, 장재균
펴낸곳 | (주)이퍼블릭
출판등록 | 1970년 7월 28일(제1-170호)
주소 | 서울시 양천구 목동서로 211 범문빌딩
전화 | 02-2651-6121 / 팩스 | 02-2651-6136
홈페이지 | www.safaribook.co.kr
카페 | cafe.naver.com/safaribook
블로그 | blog.naver.com/safaribooks
페이스북 | www.facebook.com/safaribookskr

ISBN 979-11-6057-549-1 | 979-11-6057-552-1 (세트)

* 이 책의 내용 일부 또는 전부를 재사용하려면 반드시 저작권자와 (주)이퍼블릭 양측의 동의를 얻어야 합니다.
* 사파리는 (주)이퍼블릭의 유아·아동·청소년 출판 브랜드입니다.
* 이 도서의 국립중앙도서관 출판시도서목록(CIP)은 서지정보유통지원시스템 홈페이지(http://seoji.nl.go.kr)와 국가자료공동목록시스템(http://www.nl.go.kr/kolisnet)에서 이용하실 수 있습니다. (CIP제어번호:CIP2019020234)
* 책값은 뒤표지에 있습니다.

KC마크는 이 제품이 공통안전기준에 적합하였음을 의미합니다.
제조자명 : ㈜이퍼블릭(사파리) | 제조국명 : 대한민국 | 사용 연령 : 8세 이상
종이에 베이거나 모서리에 다치지 않게 주의하세요.